KESÄN SALAISET RUNOT

Pertti Lehmuskoski

KESÄN SALAISET
RUNOT

Kirjoitetut
runojen puutarhassa
salaa kesälomalla
Kangasalla kesällä 2018

Kustantaja: BoD – Books on Demand, Helsinki, Suomi

Valmistaja: BoD – Books on Demand, Norderstedt, Saksa

ISBN 978-952-80-0406-6

Runonlukuohjeita

Kallista taaksepäin itteäs
rentoudu sun tuolissas
ravista vähän sormias
räpsytä hieman silmiäs
laske päätäs alemmas
ota kätees nyt sun kirjas
ala lukemaan niitä runojas

Jos tulee eteen virheitä
ja riimeissä on sotkuja
jos et runosta tykkää
kaikkea ihan älyykkää
niin nosta vaan hattua
käännä uutta sivua
anna matkan jatkua

Näiden runojen tekijä
on vasta-alkaja
runot voi olla hassuja
lauseet ihan hupsuja
mutta uuden oppija
myös alkumatkan kulkija
voi löytää arjen iloja

Siis ota opikses
lue ihan huvikses
naura vaikka itekses
jätä sitten kaikki taakses
taikka käytä hyödykses
jotain uutta saadakses
ja siunattu ollakses

Elämän ohjeita

Jos haluat nähdä kauas
mene ylemmäs
jos kaipaat syviin virtoihin
laskeudu alemmas

Jos haluat nähdä tarkemmin
tule lähemmäs
jos haluat tuntea syvemmin
avaa sydämes

Jos haluat tulla viisaammaks
katso pieniä lapsias
Jos tahdot Jumalan käyttöön
pyri itse pienemmäks

Jos haluat saada armoa
ole armelias
jos haluat löytää ihmisen
osoita rakkauttas

Onnea sinulle

Rakastan sinua
olet meille kaikille rakas
tänään on erityinen päivä
sinun päiväsi
juhlapäiväsi
tahdon kietoa käteni
rakkauteni
siunaukseni
ympärillesi
rutistaa
ja toivoa
kaikkea parasta
onnea
ja
Taivaan Isän siunausta
sinulle
rakkaalle!

Kullan arvoista

Kultaomenia
hopeamaljoissa
ovat sanat
sanotut aikanansa

Sanat voivat olla
halpoja sanoja
ei puolen palaneen
puupennin arvoisia

Ne voivat olla rumia
likaisia saastaisia
ala-arvoisia kaikkeen
pahaan johtavia

Sanat voivat olla
pieniä tavallisia sanoja
jotka vain hetken elää
ei niistä suurta jälkeä jää

Voi olla paljon sanoja
kuin konekiväärin papatusta
höpötystä samaa tyhjää
temmattuja tuulesta

Sanoilla voi olla myös
arvo joka jää elämään
kantaa ikuisuuteen
ei sammu kuolemaan

Niinkuin kulta säilyttää
arvonsa pankkiholvissa
ja antaa rahallekin arvon
on ajallaan sanotut sanat

Hyvät sanat Isän sydämestä
ovat kultaomenia armon sanoja
hopeamalja on puhdas sydän
kuuntelevan vastaanottavan

On Isä joka maailmaa rakasti
armahti antoi parhaansa
Poikansa ettei yksikään joka uskoo
hukkuisi vaan taivaan kotiin pääsisi

Kolme naulaa

Poika seisoo isän edessä pieni vasara
pienessä kädessään.
Katsoo ylöspäin ja sanoo:
"Isä, antaisitko minulle kolme naulaa!"
Isä antaa kolme naulaa ja ajattelee
mielessään, mitähän näillä kolmella naulalla
saadaan aikaan.
Poika menee tyytyväisenä hommiinsa, mutta
"kolme naulaa" jää pyörimään isän
ajatuksiin.
Oli kerran kolme naulaa, jotka saivat jotain
suurta aikaan.

KOLME NAULAA,
mitä niillä saatiin aikaan?
Ne pitivät Jeesuksen ristillä kuusi tuntia.
Ne olivat ihmisten julma vastaus Jumalan
rakkauteen.
Ne olivat Jumalan rakkauden vastaus
ihmisten vihaan.
Ne olivat rangaistus Jeesukselle, viattomalle
kärsijälle.
Ne ovat armo ja siunaus minulle syylliselle,
syntiselle.
Ne pitävät edelleen taivasta auki minulle!

Alas

Hän laskeutui vuorelta
jossa oli juuri pitänyt yhden
maailmanhistorian
merkittävimmistä
kuuluisimmista ja
vaikuttavimmista
puheista
ylhäällä
vuorella

Hän tuli alas
ja siellä alhaalla
odotti ihmisiä
sairaita ihmisiä
kärsiviä ihmisiä
sidottuja ihmisiä
toivottomia ihmisiä
vailla apua
Hän tuli alas
heitä varten

Oli pitalisairas
toivoton tapaus
runneltu ruumis
paha sairaus
tuli luo
polvistui
pyysi apua
tätä varten Hän tuli alas
auttoi
kosketti
ja teki terveeksi

Oli upseerin palvelija
sairas hänkin
ilman apua
halvaus
ja kovaa kipua
upseeri uskoi ja siksi
pyysi vain yhtä sanaa
tätä varten Hän tuli alas
auttoi
sanoi sanan
ja teki terveeksi

Oli Pietarin vaimon äiti
anoppi
kuume vei kaikki voimat
yhdessä tultiin
puhuttiin
pyydettiin apua
tätä varten Hän tuli alas
auttoi
kosketti
ja paransi terveeksi

Kun tuli ilta
ja pimeys laskeutui
tuotiin paljon muitakin
pahojen henkien sitomia
toivottomia
pahan vaivaamia
näitä varten Hän tuli alas
auttoi
vapautti
paransi terveeksi

Hän tuli silloin alas
ja tulee vieläkin
niin paljon on vaivaa
tuskaa
ahdistusta
kipua sairautta
toivottomuutta
mutta voimme yhä pyytää
rukoilla
ja anoa apua
Hän tulee
vielä
meitäkin varten

Nollaruno

000 00 000 000 00
000 00 000 000 00
000 000 00

000 00 000 000 00
000 00 000 000 00
000 000 00   jne.

jne. jne.

Tämä on nollaruno
osaatko lukea sen?
yritä edes huvin vuoksi
loppusoinnut täsmää!
huomasithan?

Ymmärrätkö myös
mitä se kertoo?
se kertoo minusta
mutta laitapa kaiken
eteen ykkönen
muuttuuko mikään?

Jeesus on ykkönen
ensimmäinen ja alku
minun kaikkien omien
nollieni arvo muuttuu
ja elämäni arvo löytyy
kun ykkönen tulee eteen

Nollaruno on monien
muidenkin mieliruno
päivittäin sitä luetaan
koetapa ottaa Jeesus
ykköseksi nollien eteen
katso muuttuuko mikään

Anteeksi

Katson silmiin sinisiin,
itkeviin
kyynelten täyttämiin
sananiko loukanneet
sydämeen koskeneet
minunko tekoni lyöneet
herkkään mieleen osuneet

"Ante-ksi", sanoo lapsi
luimuten,
katse alas painuen
tehnyt pahaa uhmaten
riistänyt karkin veljeltään
viskonut leluja äkeissään
Odottaa nyt rangaistusta
vaiko armahdusta
mutta nämä sanat tulee ilman katumusta
"joko saan mennä?"

"Anteeksi, mutta kun sinäkin ..."
jäänyt kiinni teostaan tämäkin
valheesta
ja syrjähypystä
katsoo totuutta suoraan,
ymmärtämättä kuitenkaan
ei tahdo nöyrtyä vähääkään
toista syyttää
omaa älyttömyyttään
"syy on myös sinun"

"En kadu mitään",
sanoo paatunut
terrori-iskun suorittanut
lain eteen joutunut
mitä aikaan saanut:
tuskaa, kipua
kuolemaa, haavoja, itkua
julmaa kovuutta,
pahuutta
sama mieli on edelleen
"saman tekisin uudelleen"

"Etkö minua tuomitse?"
mitä vastaa Mestari itse
kun tätä kysyy nainen syyllinen
onko tuomio erilainen
mitä Hän sanoo, sitä nyt koetellaan
ratkaisuaan odotetaan
tässä se on: heittäköön
ensin täydellinen
joka ei ole syntinen
Jeesusko naisen tuomitsee?
"En. Mene, äläkä enää syntiä tee!"

Minä ymmärrän sen
olen syyllinen
tunnen itseni pieneksi
kuin lapseksi
vähäiseksi
pahantekijäksi
Jumalan lain rikkojaksi
kuiskaan:
"Anna anteeksi!"

Voittaja

Kuka täällä on voittaja?

Täällä on monta välietappia
ja monta kiritaistelua.
On erätaukoja ja eräpalloja.
Mutta ottelu ratkeaa vasta lopussa.
Voittaja on se, joka kaiken
tämän jälkeen on voittaja.

Kuuluisa kärsijä vanhan liiton Jopi
hävisi monta välietappia,
eräpalloa ja kiritaistelua.
Mutta se ei ollut vielä koko kisa.
Koko kisa ratkaistiin vasta lopussa.
Siellä vasta selvisi voittaja

Ne, jotka välillä olivat viisaita
ja oikeita tietoniekkoja,
näyttivät olevan voitolla.
Mutta se tieto tai siis luulo
ei ollut vielä koko kisan voitto.
Voittaja ratkaistaan vasta lopussa.

Jopi tiesi tämän jo kisan aikana,
kun vielä oli alkuerät menossa
ja hän näytti olevan tappiolla.
Mutta Jopi tiesi jotain,
mikä ratkaisi asian.
Hän näki jo Voittajan.

Mitä Jopi näki?
Kesken kärsimyksensä
pahimman vaiheen hän sanoi:
"Mutta minä tiedän lunastajani elävän,
ja viimeisenä hän on
seisova multien päällä."

Se ratkaisee kaiken,
kuka on voittaja lopussa,
nyt on kisa vielä kesken.
Mutta koska minulla on Lunastaja,
nämä taistot ja tappiot eivät lannista.
Katson koko pelin loppuun asti.

Karsee moka!

"Karsee moka!"
sanoo harmistuneena poika
laiha liian suuret maalivahdin hanskat
käsissä
ei ollut suuresta matsista kyse
oma iskä siinä vain ampui
mutta kun pallo meni omista käsistä
maaliin niin
se oli se karsee moka!

"Karsee moka!"
Oikeesti täällä on kyllä mokia
paljon karseempia ja kukaan ei valitä
yhtään mitään
moni julkisuuden henkilö töppäilee
ja sitä sitten vaan selittelee
keksii jotain juttuja ja
kohta ei kukaan muista että
se oli oikeesti karsee moka!

"Karsee moka!"
Mietin mikä on kaikkein karsein moka
ei se ole mikään pahinkaan tavallinen
ajallinen asia
moka virhe vahinko onnettomuus
vaikka ne kaikki harmittaa ja on pahoja
voi olla jopa ihan korvaamattomia
mutta on vielä eräs asia
joka on kaikkein karsein moka!

”Karsein moka!”
Kun ihminen lähtee täältä ikuisuuteen
siis kuolee nukkuu pois viimeiseen
uneen lähtee pois
ja ei ole asiat kunnossa Jumalan kanssa
jonka eteen hän astuu
ja kaikki tulee silloin valoon
silloin hän tietää valmistumatta
lähdin näistä tärkeistä välittämättä
se oli kaikkein karsein moka!

”Karsee moka!”
Siksi Jeesus Jumalan Poika tuli
tänne maailmaan kuoli ristillä
antoi henkensä
hän maksoi silloin minun syntieni
rangaistuksen tahtoo antaa anteeksi
meitä kaikkia rakasti
mutta jos ei ota vastaan tuota
suurinta rakkautta
se on kaikkein suurin moka!
maailmankaikkeuden karsein moka!
peruuttamaton mokien moka!

Miksi se jakaa?

Miksi se jakaa
kuin vedet joessa
kahdessa uomassa?
Sanoma siinä Kirjassa
edelleen on voimassa
se ihmisvirrat jakaa.

Miksi se jakaa?
Tien haara jo täällä
valinta maan päällä.
Portti avara
tie lavea
helppo kulkea.
Minne tie tämä vie?

Miksi se jakaa
toinen portti ahdas
ja tie kaita kulkea.
Moni ei edes huomaa
moni ei tahdo astua
monelle liian vaikea
on maailmasta luopua.

Miksi se jakaa
kutsu toiseen maailmaan
ikuiseen elämään?
Jumalan Sanaan
omaan Vapahtajaan
uskon Armahtajaan
Lunastajaan!

Miksi se jakaa?
Risti, ihana risti Jeesuksen
elämän löydän ikuisen.
Saan synnit anteeksi
tulen puhtaaksi
vanhasta vapaaksi
voin tulla uudeksi.

Uusi lehti

Uusi puhdas lehti
kaunis
kirjoittamaton
kunpa tähän
voisi kirjoittaa vain
hyviä asioita
puhtaita asioita
kauniita asioita

Pienen lapsen mieli
uusi elämä
on puhdas lehti
kaunis paperi
vielä kirjoittamaton
kunpa siihen
voisi kirjoittaa vain
puhtaita asioita
iloisia asioita
rakkaudellisia asioita
kauniita asioita

Ei minun mittapuuni mukaan
ei ihmisten mittapuun mukaan
ei minkään alhaisen mittapuun mukaan
vaan paljon korkeamman, niin...
korkeimman mittapuun mukaan

Voi, kunpa lapsen mieleen
elämän lehdelle
kauniille puhtaalle paperille
voisi kirjoittaa vain
pyhiä asioita

Minun kirjassani on jo paljon lehtiä
enemmän kirjoitettua
kuin jäljellä olevaa
enemmän täytettyä
kuin kirjoittamatonta
vielä avoinna olevaa
mahdollisuutta

Ei kaikki ole
kauniisti kirjoitettua
sekaisin on hyvää
kaunista
iloista ja tavallista
mutta niin paljon on
myös huonoa
pahaa
ei niin kaunista
väärin tehtyä

Kun käännyin
Jeesuksen puoleen
elämäni ratkaisua tehden
etsikon hetkessäni
sain kaiken anteeksi
kun katsoin taakse
näin vain hyvää
puhdasta

Paha oli pyyhitty pois
tilalla oli pesty
verentuoksuinen
Golgatalle tuoksuva
puhdas lehti
siinä Jeesuksen merkki
anteeksiannon merkki:
"Kaikki on annettu anteeksi
armosta, Jeesuksen tähden!"

Leijona

Sanotaan että leijona
on viidakon kuningas
Siellä se aroilla
Afrikan savanneilla
viidakoissa
metsissä
saalistaa yksin
tai kaksin
usein laumassa
monta leijonaa
yhdessä

Suuri leijona
uros karvakaulus
terävähampainen
pitkäkyntinen
on uljas
ylväs kaunis
pelottava vihollinen
voimakas
peto julma
komea

Sen ääni
voimakas mylväisy
karjaisu
Afrikan yössä
pimeydessä
herättää kunnioitusta
pelkoa
kauhua vavistusta

eläinlaumat
väistyy
valpastuu
karkuun
pakoon valmistuu

Kuninkaat kansat
ovat ottaneet siitä
merkin
mallin
vaakunaan
valtikkaan
kuninkaitten linnaan
karvaviittaan
kuin leijona
uljas
tahtoo olla
jokainen kuningas

Myös paha
vihollinen
vastustaja ihmisen
sanotaan
verrataan
on kuin
kiljuva
leijona
saalistaja
etsii vaanii
olisko sen tiellä
helppo saalis
yksi ihmissielu kallis
jonka vois niellä

Mutta myös toinen
sitä vahvempi
suurempi
josta sanotaan
ja jota siihen
verrataan
Leijona Juudan
Poika Jumalan
väkevä
voittaja
kukistaja kuoleman
pimeyden maailman
kerran kärsi lihassa
hallitsee nyt voimassa
kunniassa
on pian tulossa

Hän on Messias
tuo kuningas
kaiken Valtias
vastaanottamaan
palvomaan
valmistuu
polvistuu
armahdettu
pelastettu
kansa Jumalan
Oi saavu jo
Kuningas
Kristus Messias
saavu pian!

Pohjakosketus

Lapset leikkii hiekalla
kirkkaan järven rannalla
uiminen käy isommilta
hyppivät veteen laiturilta
missä on syvempää
pinnan alle uppoo pää
jalat ei yllä pohjaan
alas järven hiekkaan
opitaan siis sukellus
syviin kiviin kosketus
tulee oma ennätys

Voi, sitten käykin niin
kun päästään sukelluksiin
hypätään alas syvyyksiin
että raapii pohja ihoa
kivet tekee tuhoa
jälkiä vatsaan viiltelee
niitä kovin kirpaisee
jotain hoitoa tarvitsee
saadaan uusi opetus
koetaan pohjakosketus

Laiva seilaa lahdella
jonnekin lienee matkalla
ihmisiä kannella
kuluu aika lomalla
jostain syystä kuitenkin
sattuu vahinko sielläkin
ajautuu laiva reitiltä

turvalliselta väylältä
loppuu matka lyhyeen
väki pelastusveneeseen
laivan pohja osuu kiveen
tässäkin on opetus
tuo sama pohjakosketus

Elämä menee joskus alas
joskus vieläkin alemmas
Kaikki menee huonosti
ihminen pettyy pahasti
ihan pohjamutiin asti
ei näy toivoa enää
minkä varassa jaksaa elää
ihminen taakan alle jää
tässä sama kaava on
kuin sukellus pohjaan onneton
ei ole tämäkään kivuton
kuin laivan synkkä tapaus
on tämäkin pohjakosketus

Oli Pietari veneellä
Getsemanen järvellä
hänkin synkeällä mielellä
koko yö oli mennyt kalalla
oli kieltänyt Herran kolmesti
vaikka oli luvannut lujasti
seurata häntä kuolemaan asti
tässä taas sama opetus
Pietarin pohjakosketus
johon tuli aamulla vastaus
rannalla odotti vapautus

Sai paljon kalaa Pietari
oli kuin haavoihin laastari
Jeesuksen läsnäolossa
sai olla Pietari hoidossa
Ojenna Pietari kätesi
anna johtooni sun tiesi
älä luota itseesi
omaan vähään voimaasi
turvaa Auttajaasi
muista Vapahtajaasi

Tahdotko

Muistan kuinka nuorena
kuuntelin c-kasetilta
romani-laulajien

- olikohan Freidiba Boodos
tai sitten Romanos
vai oliko Tsiibenes Jank -

laulavan
kauniilla
sointuvilla
äänillään:

"Tahdotko taivaaseen
sisälle porttien
sinne ei synti päästä voi..."

Tiedän että se laulu on edelleen totta!
Se laulu puhutteli ja
puhuttelee edelleen

Tahdon päästä taivaaseen
luokse Jeesuksen
sisälle porttien

Tahdon pitää lyhyet tilivälit
pyytää syntejäni anteeksi
säilyttää puhtaat taivasvaatteet
jotka armosta sain
Jeesuksen veren tähden

Pehmis

Pehmisjäätelö on tosi hyvää
erityisesti vaimoni pitää siitä kovasti
hän aina väittää että olen luvannut
ostaa hänelle pehmiksen

Hän sanoo leikillään
että se lupaus on vielä täyttämättä
matkan varrella olemme kyllä
ostaneet monet pehmikset

Katsotaan siis vaan eteenpäin
ja pidetään kiinni siitä lupauksesta
että olen luvannut ostaa
hänelle pehmiksen

Pehmiksen vastakohta on kovis
kumpiko on parempi määritelmä
ihmisestä pehmis vai kovis
ei taida olla kumpikaan hyviä

Pehmis on löysä ja kovis on tyly
vai olisiko kuitenkin niin
että molemmissa on
hyviä asioita nähtävissä

Pehmeä ihminen on toisia kohtaan
miellyttävä herkkä kohtelias
avulias huomaavainen
rakastava ja rakastettava

Kova ihminen voi vaikeissa
tilanteissa olla luja
päättäväinen sitkeä
periksi antamaton

Olla pehmeä voi tarkoittaa sitä
että elämää on koulittu
muokattu luonnetta kauniiksi
ehkä vaikeuksien kautta

Olla kovaksi keitetty tarkoittaa
sellaisia elämän kokemuksia
jotka ovat synnyttäneet
lujia ja vahvoja ominaisuuksia

Tykkään kuivasta kovaksi
muuttuneesta ruisleivän palasta
mutta tykkään myös vaimoni
tavoin kovasti pehmisjäätelöstä

Kukon laulun aikaan

Sanotaan että
kukonlaulun aikaan
kun on kyse aikaisesta aamusta

Asuimme joskus vähän aikaa maalla
naapurissa oli vihainen kukko
joka oli ottanut vahtikoiran paikan

Kerran ystävämme isokokoinen mies
pysähtyi kysymään sieltä tietä meille
kukko kävi päälle ja tarttui lahkeeseen

Kukon laulu voi olla merkki
uudesta iloisesta aamusta
tai merkki jostain muusta

Äsken meni paloauto vauhdilla ohi
pillit soi kiire ja hätä oli heti aamusta
kun niin kovaa vauhtia ajoi

Kävelin äsken hakemaan aamusämpylöita
lähikaupasta ja näin että onnettomuus oli
kohdannut tietyössä kukon laulun aikaan

Jeesus antoi Pietarille merkin
ennenkuin kukko kahdesti laulaa
sinä kolmasti minut kiellät

Ei aina tiedä mitä se uusi päivä ja
kukonlaulu tuo tullessaan pitäisi siis
asiat pysty- ja vaakatasossa olla kunnossa

Oiva kalamies

Lapsena samassa pihapiirissä
asui Oiva talonmies
Oiva oli myös kalamies
Oiva oli oikein oiva savolaismies
oiva talonmies ja oiva kalamies

Usein Oiva pyysi minua kalalle
mukaansa venettään soutamaan
minä pukille airoihin airomaan
ja Oiva perään melomaan
myös suuntaa sieltä näyttämään

Oiva tarkasti monta katiskaa
nosti ylös verkojaan
minä mietin miten minä osaankaan
miten pidän veneen paikallaan
laineilla tuulessa aloillaan

Usein järvellä myrskysi
aallot käänsi ja venettä väänsi
yritin soutaa ja huovata kovasti
joskus onnisti joskus meni huonosti
Oiva se senkuin virnisti

Kun päästiin järveltä pois
tuumasi Oiva oitis
että pian taas lähteä vois
jos edes tämmönen säätila ois
ja Oivahan tuli pyytämään taas

Jeesus kutsuu kalastamaan
mutta ei tavallisia kaloja kuitenkaan
ihmisiä hän lähetti meidät kutsumaan
ristinsä luokse saapumaan
hyvät ja huonot kaikki tulkaa vaan

Joskus järvellä tuulee ja alkaa satamaan
Jeesus kysyy oisko mitään sitä vastaan
lähtisitkö kanssani kalastamaan
souda sinä minä menen perään
melomaan ja suuntaa sinulle näyttämään

Rannalla aina Oiva saaliistaan
antoi minulle suurista kaloistaan
muutaman kotiin vietäväksi
kalat oli työstä ja vaivasta palkaksi
ja oli ilo viedä ne äidille lahjaksi

Jumalan suuresta kalastustyöstä
tästä pimenevästä yöstä
kerran rannalle saavutaan
voitoista varmasti riemuitaan
suurin ilomme on kun siellä tavataan

Turvakengät

Eteisessä lattialla
lähtövalmiina käyttövalmiina
on poikani turvakengät
ne on työssä turvaksi hänelle
jos jotain sattuu putoamaan jaloille

On paljon muitakin turva-asioita
turvaesineitä ja -välineitä
turvaohjeita ja turvavaljaita
turvavöitä ja turvakypäröitä
turvapäälliköitä ja turvapaikanhakijoita

On turva-aitoja ja -laitoja
turvavyöhykkeitä ja -alueita
turvamiehiä ja turvafirmoja
turvakoteja ja opaskirjoja
suunnitelmia suuria järjestelmiä

Mistä minä etsin ikuista turvaa
mihin pakenen kuolemaa
mistä minun sydämeni turvan saa
voiko sen täällä jo varmistaa
saako paikan taivaassa omistaa

Ei ole muuta turvaa
ei löydy mitään suojaa
iankaikkista Jumalaa
maan ja taivaan Luojaa
Sana turvaksi tarjoaa

Jeesus on turvapaikka
suojakallio pakopaikka
kuin sateenvarjo sateessa
kuin laskuvarjo hypätessä
siksi turvani on Jeesuksessa

Nouse ja loista

Tuiki tähti
muiden pienten tähtien kanssa
näen kulkea polkuani sen valossa

Loista aurinko
poista pelko anna valosi valaista
luo mieltä lämmintä iloista sydäntä

Lamppuni lampunjalkaan
koko huoneeseen valaisemaan
nostan annan valon loistamaan

Nouse valkeus
pimeys poista pahuus maailman
ristisi syntiin tuo voiton sanoman

Matkaan lähdetään

Miten uskossa edetään
sitä nyt kysytään
pohditaan tietä etsitään
vertausta tällaista mietitään

Ihan kuin tavallisesti
ruumiillisesti ja ajallisesti
noustaan ja liikutaan
liikkeelle lähdetään
eteenpäin kävellään
tiettyyn suuntaan edetään

Voidaan liikkua täällä
jalat tukevasti maan päällä
pyörällä tai autolla
bussilla taksilla liftillä
mopolla tai muulla ajopelillä
aina johonkin ollaan matkalla

Jos tahdot Tukholmaan
Tanskaan tai kauempaan
eteläiseen Eurooppaan
otat paikan Ruotsin laivaan
purjehdit ehkä Tallinnaan
jätät silloin tämän maan

Kun uskossa kuljetaan
ja taivastie valitaan
näky saadaan uuden maan
sinne lippu ostetaan
kysytään ja katsotaan
miten sinne saavutaan

Jos oikein kauas pyritään
silloin siivillä lennetään
pilvien päälle noustaan
auringon valoon päästään
rukous auttaa näkemään
katseen kauas suuntaamaan

On mainoksia lehtisiä
monen ohjeen antajia
turistikohteen näyttäjiä
Sana kutsuu lähtemään
synnin pahan hylkäämään
parempaan pyrkimään

Yhtenä matkajoukkona
Jeesus tiellä oppaana
me toisillemme tukena
ollaan seurakuntana
rakkaus suurin ohjeena
armo olkoon apuna

Iisakit

Paappani nimi oli Iisakki
maanviljelijä isäntä talollinen
viljeli tilaansa maitaan ja peltojaan
hoiteli metsiään
lehmiään kanojaan hevosiaan
kanssa vaimonsa Marian ahkeran
saivat seitsemän lasta joista Martti-
poika ei palannut koskaan sodasta
Iisakki asui Pohjanmaalla läpi
elämän samoilla tutuilla nurkilla
Kyröjoen vesivirtojen äärellä
nyt ei enää aikaan täällä
vaan on mullassa kirkkomaalla

Kaimansa Iisak aikoinaan
asui lähes aina paikoillaan
etelämaassa vuorillaan
kauniin vaimonsa Rebekan kanssa
jo ennen oli Aabraham siinä maassa
kaivattanut kaivoja Beersebassa
karussa kuivassa erämaassa
ne olivatkin suuressa arvossa
siksi niistä syntyi riita
vihollinen tukki umpeen niitä
mutta Iisak tahtoi kaivattaa
auki isänsä kaivot uudestaan

Ne lähteet vesikaivot virtaavat
jotka isät tunsivat ne kaivoivat
kirkkaat Jumalan virrat koetut
on vihamies joukkoineen tukkinut
aina uudestaan umpeen täyttänyt
täällä eletään kuumassa kuivassa
erämaassa maailman
vettä kaivataan se elinehto elämän
perusasia on löytää vettä
elämän vettä niin tärkeää on että
sen jälleen teen kaivan auki uudelleen
kaivot entisten aikojen
Jumalan kaivot Hengen kaivot isien

Kuin hieno herrasmies

Pyhä Henki
on herkkä
hienovarainen
ei tule väkisin
odottaa
kysyy lupaa

Pyhä Henki
on luotettava
uskollinen
voimakas
raju tuulispää
tekee aina
minkä lupaa

Pyhä Henki
on herrasmies
käsittelee
silkkihanskoin
arkaa särkyvää
olla luonaan
aina Hän lupaa

Pyhä Henki
yhtä kuin Isä
yhtä kuin Poika
Jeesusta aina kirkastaa
suorittaa suurta tehtävää
loppuun asti täyttää
ei kysy siihen lupaa

Äidin tuska

Tällainen rukouspyyntö
pienen tytön puolesta
yhden äidin hätähuuto
tytöstä rakkaimmasta

Lapsi sairas makaa vuoteella
vieressä on tuska itku äidillä
sydän pakahtuu täyttyy hädällä
lapsi pyytää pysy äiti vierellä

Nyt rukous nousee äidin
onko muita jotka rukoilee
kokee niin olevansa yksin
sydän kipeänä taistelee

Sydämemme kääntyy huokaamaan
tyttöä myös äitiä kantamaan
Jeesus auta nyt Sua tarvitaan
voimasi anna lastas kohtaamaan

Rakas Jeesus Vapahtaja
lastesi paras Auttaja
apu anna äidin tuska poista
anna voitto tästä ahdingosta

Rohkaisu on Raamatussa
lähteessä apu avatussa
jos jaksat äiti käsiin katsoa
haavoihin ristin uskoa

Nosta katseesi pois aalloista
äiti tuskan hädän ahjoista
sano Mestari nyt nosta
vapauta minut peloista

Jeesuksen rauha laskeutuu
jotain lapsen vuoteella tapahtuu
meren raivo rauhoittuu
kädet suuret ylleen asettuu

Ohut harsokangas

Usko on salaisuus
jo nyt eikä kuitenkaan vielä
näkyvä ja näkymätön
vaellus uskossa ei näkemisessä

Kuin ohut harsokangas on usko
sitä tuuli heiluttaa
sen läpi nyt jo kajastaa
uusi maa mä katson tulevaa

Kuin ohut harsokangas on usko
jossa Herra vaikuttaa
niin herkkä kaunis lahjaa kaikki
ei omaa ollenkaan

Kuin ohut harsokangas on rukous
ano etsi kolkuta anovalle annetaan
etsivä löytää kolkuttavalle avataan
näin rukouksesta sanotaan

Kuin ohut harsokangas on elämä
täällä tänään huomenna siellä
elän täällä en kuitenkaan tänne jää
lähden täältä ja menen Jeesuksen luo

Lopuks parj sannoo savoks

Jokkaene o jostae kotosi
jostae päe Suomee
tai aenaki mualimoo
minnoon syntynnä Kuopijossa
mualiman peäkaopunnissa
siellä sitä puhutaa levveetä kieltä
sitä savvoo
kierretää ja kuarretaa tosissaa
ei koskaa aloteta ihan
asiasta itestää mutta eetään
kyllä koko aja kohti mualia
kävin kooluvakkii jonki aekoo
siellä ihan Kuopijon ytimessä
torin laejalla missä
seisoo se velj'mieskii
pissiä liruttelloo

Niin sitähä tässä piti sannoo
että jokkaene o kotosi jostae
eli syntynnä jossae
ei oo semmosta savolaesta eikä
muunkaa mualaista joka ei ois
syntynnä missää
äetisä o kaet sen jossae kohti
pyöräöttännä tänne tulemaa
jotku kuulemma jopa Tamperee
kaopunnissahii
niin ja Turussakkii
ja jos oekee kaavas männää
nii jopa Ruohtissakkii asti
usko tae älä – se o tos ku ves

Mutta sitähä sitä piti sannoo
että o semmone uuvestisyntymine
ku se Ruamatussakkii sannoo
mite se nyt mänkää
että jos ei synny uuvestaa
ylläältä iha Jumala Hengestä
nii ei koskaa voe peästä taevaasee
on se vua niin tärkee asia
suaha kokkee se uskoontulemine
ottoo vastaa mualima parrainta
rieskoo elämä sannoo
ja kohata Vapahtajjoo ihteesä
ei ies kalakukko vejä sille vertoo
jos uskaltaa semmosta tässä sannoo

Mutta kannattaa kyllä vakavissaa
iha pysähtyvä miettimmää
että missä sitä oekee
ikkuisuutesa aekoo viettee
pahassa paekassako pimmeyvessä
vaeko taevaassa paremmalla puolella
ratkasusa pittää jokkaese ite tehä
joko pyytee Jeesusta syvämmeesä
tae sitte kieltee mutta että
sannoo se iha selekeesti savoks
tae suomeks tae millä kielellä hyvvää
kuha vua sannoo syvämmestää
eänee tae hilijoo
niin että siunaosta vua jokkaeselle
laeselle ja läeselle tähä lopuks